AFRIKA ROSE

アフリカローズ

幸せになる奇蹟のバラ

萩生田 愛
Megumi Hagiuda

ポプラ社

AFRIKA《アフリカ》 ROSE《ローズ》

幸せになる奇蹟のバラ

17時間かけてアフリカの大地から届く特別なバラがあります。
朝霧が太陽に輝き、夜は星を映す美しい湖のそばで、
半年かけて花を愛する人たちに育てられたバラ。
ゴスペルの流れる部屋で出荷を待っていた、
ひときわ大切にされてきたこのバラは、
育てた人、贈る人、贈られた人、誰をも幸せにします。
なぜなら、このバラには時の魔法がかかっているから。

AFRIKA ROSE《アフリカローズ》

幸せになる奇蹟のバラ

contents

本書で使用している AFRIKA ROSE のロゴは、
バラの産地ケニアの人々と大地に感謝を込めて、
KenyaのKが入ったAFRIKA（スワヒリ語等）の表記を
採用し図案化したものです。

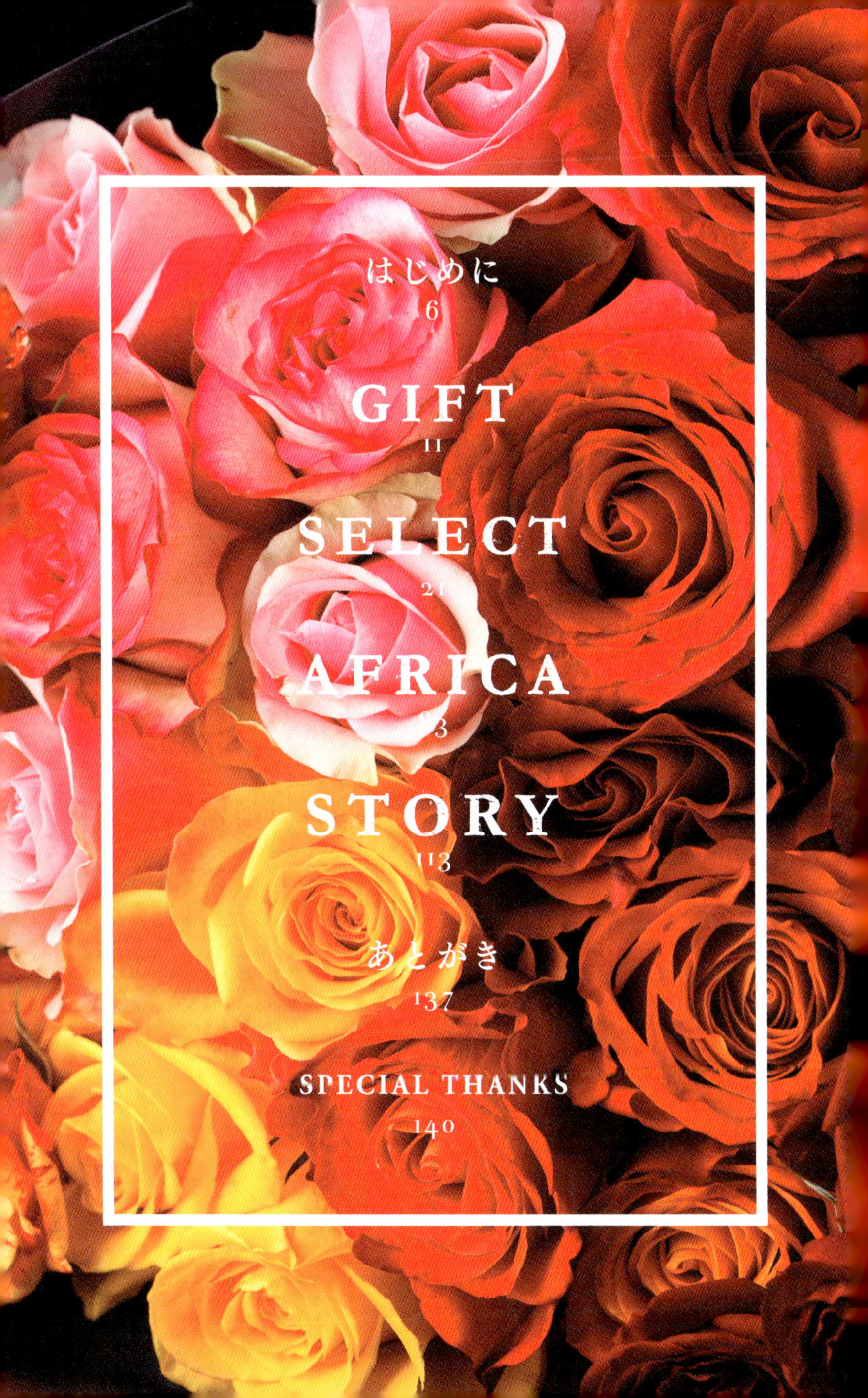

はじめに

ナイロビの街角にある小さな花屋さん。

穴のあいたパラソルの下、煤汚れたバケツにカーネーション、アルストロメリア、百合、カラーなどが並んでいました。くりくりした可愛い目の細身の男性が笑顔で手招きしています。誘われるままゆっくり眺めていると、見たこともない鮮やかな花がありました。赤とオレンジのグラデーションが美しくて――。

「これは、なんの花ですか？」

すると彼は驚いたように、手をひろげました。

「バラだよ。日本にはバラはないの？」

バラといえば「赤」や「黄色」などの単色を思い浮かべますが、そのバラは花びらにオレンジと赤のふたつの絵の具を置いて水を垂らしたような繊細な模様、マリクレールという名のアフリカのバラだったのです。

「ケニアは世界的に有名なバラの産地なんだよ」

クリアと名乗る彼はキラキラした表情で、誇らしそうに笑います。澄みきった空気、躍るような強い日差し、乾いた風。その時のことを、いまも鮮明に憶えています。呼吸が「呼」から

「吸」に変わり、過去が退き新しい潮が満ちていくような時間。ケニアのバラを中心に私の世界が輝きはじめた瞬間でした。

それは新卒で入社した大手製薬会社を7年で退職し、ケニアで働いていた時のことでした。開発途上国で自分にどのような貢献ができるのかを知るために訪れたケニアで、私はバラと出会い、アフリカと日本をつなぐ仕事をしたいと思い立ったのです。

翌年、日本に帰国した私は、現地からバラを輸入し、売りはじめました。起業の経験も、花屋の経験も、もちろん輸入の経験もありません。両親はサラリーマンと専業主婦のごく一般的な家庭に育った私が、異国の地アフリカのケニアからバラを輸入し花屋を営むことになるなんて想像もしていませんでした。

私はいま、東京広尾の小さな花屋でバラを売っています。アフリカのバラだけをそろえた、アフリカのバラ専門店です。

ナイロビでの出会いからはじまった新しい仕事、理由もわからずに強烈に惹かれ決断したことの意味を、いま、たくさんのお客様に教えていただいている気がします。

アフリカの大地で育まれたバラに秘められた無数の物語。それを知るたび新しい扉が開かれます。生命力が豊かなアフリカのバラは、励ましと素敵な出会いをどれだけ与えてくれたかわかりません。

誰かを想ってバラを選び、贈る喜び。家のなかに美しい彩りがあって、その変化を見つめて暮らす楽しさ。海のむこうでバラを育てる人たちの弾ける笑顔。バラがくれる喜びは尽きることがありません。

アフリカのバラから私が学んだことを、少しでもお伝えできたらと願っています。

AFRIKA ROSE
AFRIKA ROSE

贈ることで、つながっていく。
離れていてもそれぞれの時間が、
いまこの時に流れ込む

GIFT

バラを贈る喜び

広尾の街のあちこちでシャッターが開き、次々とお店がオープンする朝10時。商店街の外れにある小さなバラの専門店アフリカローズのガラスドアは、まだ閉まったまま。夜のショーウィンドウを楽しんでいただくためのスポットライトは点いているものの、朝の光の中で存在感はほとんどありません。

商店街の他のお店より少し遅い朝11時、アフリカローズはオープンします。煉瓦の床、木のテーブル、少しムラのあるパープルグレーの壁、お店の内装はお客様が応援にかけつけてくださり、一緒に大工仕事をしてくださってできたものです。その店頭に新鮮な雰囲気に包まれたバラたちが勢ぞろいします。ケニアから17時間かけて運ばれたバラは、オープン前に水あげされ、朝日を浴びて元気いっぱいです。

店のドアが開くのを見て、散歩中の紳士や広尾界隈の奥様方が入っていらっしゃいます。

「あら、きれいなバラね」

「テレビで見たわよ。とても長持ちするアフリカのバラなのよ」

お友達と楽しそうにおしゃべりしているお客様の隣で、月に1度、歯医者さんの帰りに必ず寄ってくださるご婦人が、お気に入りの1輪を選んでいます。

「今日はこちらのピンクにしようかしら」


お店でお客様と出会うたび、思うことがあります。

どうして素敵なお客様ばかりが来てくださるのだろう、と。

奥様の42歳のお誕生日

ある日の午後、40代後半くらいの男性がお店にいらっしゃいました。

とても紳士的なその男性は、「42本のバラをください、妻の誕生日に贈りたいので」と、ケニアのバラらしい、色とりどりの花束を希望されました。

ふだんは単身赴任で東京にひとりでお住まいとのこと。週末だけ奥様が暮らす茨城に戻られるそうです。でも、その日は平日の水曜日。サプライズで帰宅し、誕生日の花束を差し上げるとのことでした。

それからしばらくして、その方がふたたび来店され、「妻がとっても喜んでくれました」と、バラと一緒に写る奥様の写真を見せてくださいました。

「僕が帰ると知らなかったので、妻は友人と出かけていて帰りが遅かったんです。驚いて、とても喜んでくれて。何度も何度もバラを眺めていました。今朝もバラの写真を送ってくれたんですよ」

お父様の還暦のお祝いに

若い女性のお客様から、お礼のお電話をいただきました。すこし前に、お父様の60歳の誕生日のお祝いに「赤いバラを選びたい」と来店された方です。その時、スタッフと一緒に花束をつくったのですが、店長と同郷で年齢も近いことで話に花が咲き、最初は赤一色にしようとおっしゃっていたのを、オレンジや黄色などケニアの特徴的なグラデーションのバラも入れ、華やかな花束になったのでした。

「父が花束をドライフラワーにすると張り切っています！　ふだんあまり感情をあらわさないのに、喜んで連絡をくれたことがとてもうれしくて。つい、お礼が言いたくなって電話してしまいました」

プロポーズの花束

真夏のとても暑い日。ふたりの若い男性がお店にいらっしゃいました。小麦色に日焼けし、ハツラツとした笑顔が印象的な青年たちです。

「彼女にプロポーズをするので花束を一緒につくってくれませんか」と、数日前に予約をいただいていました。約束の午後4時すこし前に、花束を入れるスーツケースを引いて来店されました。

その方は自分でピンクのバラを選び、ラッピングもなさいました。私どものフラワーデザイナーがサポートさせていただき、ついに花束が完成すると、一緒にいらしたご友人が見守るなか、写真を撮ったりおしゃべりしたりして楽しそうです。

でも、スタッフの誰もが、実は心配していたのです。スーツケースに入れたバラが暑さで萎えてしまわないか、ラッピングの紙が明日の夕方までパリッとしているか、気が気ではありませんでした。「どうかバラが元気で、ラッピングもしっかりしたまま、彼女に届きますように！　プロポーズが成功しますように！」

翌日、花束を一緒につくらせていただいたフラワーデザイナーのもとに「プロポーズ、成功しました！」とメッセージが届きました。その朗報にスタッフ全員が、どんなに喜んだかしれません。

10年目の結婚式

月に1度、1輪だけ丁寧にじっくりと時間をかけて選んでくださるご婦人がいらっしゃいます。ある日、その方のかわりに、ひとりの男性が来店されました。手にバラを1輪と花瓶をお持ちになっています。

「妻が旅行で家をあけているあいだ、私がバラの管理をする役目なのですが、枯らしてはいけないので、1週間、預かっていただけませんか？」

バラをそんなにも大切に扱ってくださることに感動し、お預かりすることにしました。

1週間後、奥様が帰宅すると、ご夫婦でバラを引き取りに来てくださいました。その後も、奥様は毎月いらしてくださっていたのですが、ある日、「以前に入荷していたウェディングベルという品種、次はいつ入荷しますか？」とお尋ねになりました。理由をうかがうと、「もうすぐ入籍するので、記念にウェディングベルでブーケをつくり撮影をしたい」とのこと。長年のご夫婦だと思っていたおふたりは、10年近く一緒に暮らしていても籍は入れていらっしゃらなかったのです。もちろん、ウェディングベルが入荷してからのブーケづくりをお手伝いさせていただきました。

後日、記念の写真を見せてくださいました。ふだんから上品で女性らしい方でしたが、写真の笑顔はいつにも増して輝いていました。

大切な人たちへバラを贈るお客様の多くの方が、私たちに報告をくださいます。喜んでくれた、とても驚いていた、プロポーズがうまくいった、と。ある日、気づきました。お店に来てくださる方の多くは、誰かに喜んでもらうために、この店のドアを開けるのです。人を喜ばせることが幸せ。誰かのために足を運び、時間をつかうことが楽しいと思える人たち。だから、とても素敵なお客様ばかりなのだ、と思ったのです。

相手を思って
贈り物を選ぶ時、
手にしたものが美しくなる

SELECT

花束を持って歩く

「花束をかくす袋をいただけませんか？　恥ずかしいので……」

照れながら、その男性はおっしゃいました。日本の男性は花を持って歩くことを恥ずかしがる方が多いのですが、もったいないと思います。女性から見ると、「奥様のお誕生日なのかしら。それとも彼女？　もらう人、うれしいだろうなあ」と幸せな気持ちをおすそ分けしてもらった気分になるのですから。そんなふうにお伝えすると、その場に居合わせた女性のお客様たちも、「本当にそうね！　それに花束を抱いている姿、とてもお似合いですよ」と口々におっしゃいました。

それを聞いた男性は、「そうですか！」と鏡に映る姿を見て、「ありがとうございます！」と颯爽と店を立ち去りました。

贈る相手

お客様のなかには、「私は色のセンスがないので」とか「花のことはよくわからないので、お任せでお願いします」とおっしゃる方も少なくありません。そんな時お店のスタッフが試しに色を合わせて花束にしてみると、9割のお客様が「ちょっとイメージと違います」「この色を入れたい」と、ご自分で選び始めるのです！　私はこの瞬間が大好きです。「任せる」とは言ってみたものの、大切な方への贈り物ですから、やはりご自分のイメージとぴったりの花束を贈りたいのですね。

花を選ぶ時に大切なことは、贈る相手のイメージを言葉にしてみること。「可愛くて、元気な女性」とか、「大人っぽい」とか、「控えめで優しい」とか、相手の印象を言葉にしておくとスムーズにすすみます。

まず、そのイメージを、用途とともに花屋の店員に伝えましょう。用途とは「誕生日のプレゼントに」「結婚記念日に」「送別会用に」などといった、花を渡すシチュエーションのことです。そこから店員さんと一緒につくっていけば、必ず素敵な花束ができます。

花合わせ、色合わせに「趣味がよくない」とか「間違い」はありません。できた花束を見て、自分の心のなかにあるイメージとぴったりならば、それがいちばんです。もし、ちょっと違うなと思うようでしたら、「もうすこし元気な感じに」「優しい感じに」などとリクエストしていけば、どんどん印象が変わっていきます。「ちょっと違うけど、まあいいか」などと思う必要はありません。なにより、そんなふうに時間をかけて花を選んだ気持ちが相手に伝わります。とくに女性は、どんな色の花束かということより、「自分のために時間をかけて選んでくれた」ことがうれしいのですから。

言葉を添える

花束を渡す時、自分で色を選んだことやその理由も伝えられたら素敵です。「〇〇さんの優しさが淡いピンク、いつも元気をもらっているので黄色、白いバラの花言葉は尊敬です」などと伝えられたら、どんなに喜ばれるでしょう。

ちょっと言葉を添えるだけで、美しい花を贈るだけではなく、「感謝のメッセージ」を贈ることができます。言葉は花束に魔法をかけます。相手の心の深い部分に響く、尊い贈り物になるに違いありません。もしかすると、言葉で伝えるのは恥ずかしいと思われるかもしれません。相手が受け入れてくれるか不安になることもありますよね。心を込めて誰かに贈り物をするのは、実は勇気がいること。でも、一歩踏み出す気持ちが、新しい扉を開いてくれます。

hant
ignes,

色選び

色選びには、2つの視点があります。

ひとつは「寒色」と「暖色」という分け方で花を見ること。

もうひとつは「同系色」と「反対色」という分け方です。


ちなみに、ここでいう「暖色」は「赤なら暖色でしょう?」というものではありません。赤にもいろんな色があるからです。

青みがかった「ピンク」や「紫」「赤」などは寒色に分類され、比較的、寒いイメージの色。

黄みがかった「オレンジ」「黄色」「茶色」などは暖色に分類され、暖かみのある色です。

見分け方のポイントは、青に近いか、黄色に近いか、です。あるいは感性が豊かな方であれば「寒そう」か「暖かそう」で見分けていただけると思います。

寒色系は寒色で組み合わせるとまとまり、暖色系は暖色のみで合わせるとまとまります。もちろん正解はありませんので、寒色と暖色をまぜてもかまいません。その際、「何となくまとまりがない」と感じたら、色の数を減らして白をプラスすると、まとまりが出てきます。

さて、もうひとつの切り口である「同系色」と「反対色」についてです。

たとえば、ピンクのグループである淡いピンク、濃いピンク、サーモンピンクなど、類似した色でまとめるのは「同系色」の組み合わせです。淡い黄色、濃い黄色、オレンジなどでまとめるのもそうです。同じような色でまとめるので違和感がなく、万人受けする組み合わせと言えます。

一方で、黄色と紫を合わせるのは、「反対色」の組み合わせです。それぞれの花の色がくっきりと際立つのが特徴です。

他には、オレンジと青、緑と赤などがあります。個性的で特徴のある花束、鮮やかで存在感のある花束に仕上がります。

反対色でまとめると、個性が引き立つので、好き嫌いがはっきりします。

バラを包む

繊細で大切なものが傷つかないように包む、それがラッピングです。
黄色い花束に、同じ黄色やオレンジや茶色のラッピングペーパーを合わせると、落ち着きのあるまとまった花束になります。一方で、黄色い花束に、紫や青いラッピングペーパーを合わせると、花が際立ち存在感が増します。このように、バラの色合わせだけでなく、ラッピングペーパーとの色合わせも楽しんでください。

どんなお花屋さんでも、複数のラッピングペーパーを用意していると思いますが、アフリカローズでも、プレゼント用として何種類かのカラーペーパーをご用意しています。ネイビーブルー、ターコイズブルー、濃いピンク、ベージュ、からし色、そしてクリスマスシーズン限定のシルバーです。とくにご指定のない場合、英字新聞でラッピングします。このバラたちは日本から遠く離れたアフリカから遥々《はるばる》届いたもの。そんな異国情緒も楽しんでいただけたらと願って。

茎の長さで変わる

花束は、色だけでなく、茎の長さでも雰囲気が変わります。

同じ色の組み合わせでも、茎を長くラッピングすると、大人っぽくエレガントな仕上がりになります。厳粛な場面や、目上の方への贈り物、大勢が参加するパーティで渡す花束には、長めの茎がふさわしいでしょう。

一方、茎を短くカットしてラッピングすると、カジュアルで可愛らしいイメージにな

ります。ホームパーティに手土産として持っていく時や、親しい友人へのカジュアルな場面でのプレゼント、他にもプレゼントがあり花束を添える場合には、短い茎の方がふさわしいでしょう。

スプレーバラをあしらう

花束をつくる時には、２種類のバラをうまく組み合わせる方法もあります。ひとつの茎にひとつの輪が咲くバラと、ひとつの茎からいくつもの小さめのバラが咲くスプレーバラです。「スプレー」は、広がるという意味があります。アフリカローズでは、スプレーバラは「愛を広める」という花言葉にしています。

そんなふうにバラの色や種類の組み合わせについて、すこし意識してみると、さらに楽しく花を選べるかもしれませんね。

ケニアのバラ

世界には約3万種類のバラの品種があると言われていますが、現在私たちが日にするバラのほとんどは品種改良されています。原種は10種、アジアや中東が原産地のようです。原種のバラは花びらの数が少なく、色味は黄色、香りが強いものが多いようです。品種改良を重ねるにつれ、花びらの枚数が増え、香りが少なくなり、長持ちするようになりました。いまでも香りの豊かなバラは、そうでないバラに比べると咲いている時間が短い傾向にあります。たとえば、香水や香料によく使われる豊かな香りのダマスクローズは、朝摘むと午後には枯れてしまいます。

ケニアのバラは、香りが少なく、長持ちするのが特徴です。

サファリの夕陽

アフリカローズには、ケニアの大自然や素敵な文化からインスピレーションを受けてつくったオリジナルの花束があります。ケニアのサファリツアーで、時間帯によって太陽の日差しの色が違うことに感動し、「サファリの夕陽」という花束をつくりました。サファリで見た朝の日差しは白く透きとおり、日が高くなると黄を帯びてキラキラし、夕暮れ時にはオレンジや赤の力強い荘厳な色に輝きます。

朝のナイバシャ湖

ケニア生まれのバラの多くはナイバシャ湖のほとりで、湖の水で育まれます。朝日が昇った直後の湖は幻想的な美しさに包まれます。朝靄が残る水面が穏やかに揺れ、靄が晴れて来ると目の前に大きな湖が広がります。そこにカバやキリンや鳥たちのシルエットがあらわれるのです。とても優雅で穏やかな時間を表現したのがこの花束です。

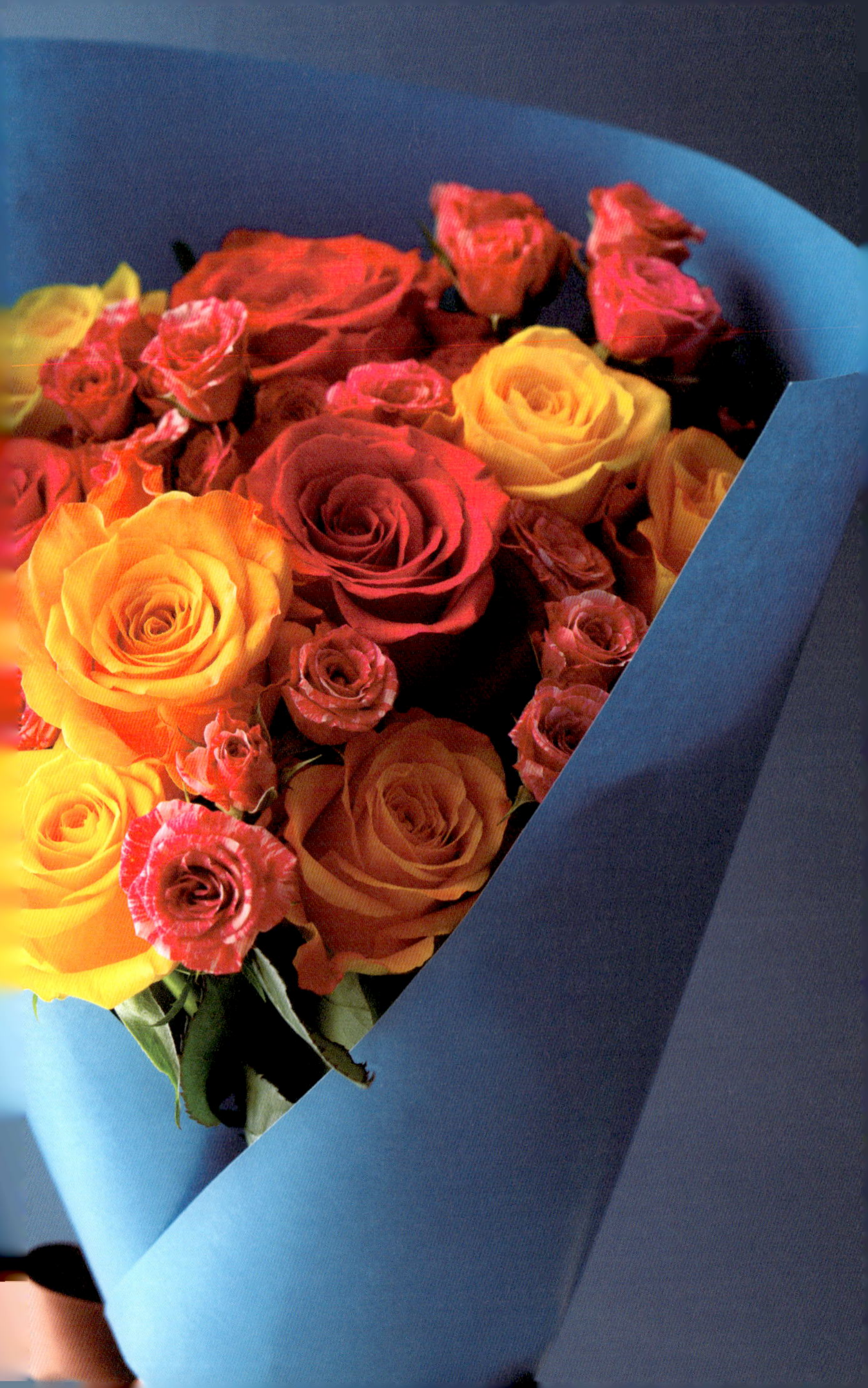

ジャンベの響き

ジャンベというのは、スワヒリ語で「ドラム」の意味。ドラムを叩くと歌がはじまり踊りがはじまって、誰もが陽気に楽しく時間を過ごします。辛いことがあってもドラムと音楽さえあれば、いま、この瞬間はパラダイスなのです。軽快なリズムに合わせた軽やかな身体の動き、土を蹴る力強い足の音、青空の下に響きわたる大人や子どもの笑い声——。そんな「音」や「リズム」を表現した花束です。

花言葉の楽しみ

今昔物語の時代、男女はお互いの恋心を和歌にして表現し、お付きの人が夜な夜なその恋文を届けたといいます。私の好きな物語のひとつは、恋文に「ワレモコウ」の花を添えたというお話です。「我も恋う」という意味を込めて。大切な人に花を贈る時、ぜひ花言葉をイメージしてみてください。

バラには、「愛」「美」「内気な恥ずかしさ」「輝かしい」「愛嬌」「新鮮」「斬新」「私はあなたを愛する」「あなたのすべては可愛らしい」「愛情」「気まぐれな美しさ」「無邪気」「爽やか」など、無数の花言葉が存在します。

愛と美と性を司る女神アフロディーテが海から生まれた時、大地が「自分も神々と同じように美しいものを創造することができる」と言ってバラの花を創造したと言われるくらい、バラはなによりも美しいものの象徴で、特別な花。ですから、バラにまつわる花言葉は無数にあるのです。

花言葉の使われ方は時代や地域により様々で、ポジティヴな意味からネガティヴな意味まであります。でも、本来は楽しむためのもの。ここではポジティヴな花言葉のなかから、私が気に入っているものをご紹介します。アレンジして楽しんでみてください。「ふたりだけの花言葉事典」があっても素敵ですね。

1 本…ひとめぼれ、素敵なお心遣いに感謝します
3 本…仲直り、快復を祈っています
12 本…愛の告白
21 本…心からの愛、あなたしかいない
24 本…いつもあなたを想っています
25 本…あなたの幸せを祈っています
100 本…いつもあなたに会いたい
101 本…お祝い、あなたを祝福します
108 本…結婚してください

ピンク

「気品」「温かい心」

「恋の誓い」「可愛らしい」

白

「尊敬」「純潔」「優しさ」

オレンジ
「健やか」「元気」

黄
「友情」

薄いオレンジ
「無邪気」「チャーミング」

赤
「愛情」「情熱」「熱烈な恋」

星の王子さまのバラ

「花は枯れてしまうから好きではない。プリザーブドフラワーや造花の方が永遠に咲いていてくれるから好き」と言われたことがあります。また、「花の手入れはめんどうくさい」とも。

私も、生きた花を煩わしく感じていた時期がありました。手入れを忘れてしまうと、たちまち水が腐り、くたっと枯れてしまう。かわいそうで、自分のせいで命が終わってしまったという罪悪感を覚えるのが嫌だったのです。

でも、その時々の花を大切に手入れすると、愛情がわいてきます。

「きみがバラの世話に手間をかければかけるほど、バラ（＝彼女）はきみにとって大切でかけがえのない存在になる」

これは『星の王子さま』にあるサン＝テグジュペリの言葉です。愛情をそそいだぶんだけ、花はあなたに美しさを開いてみせてくれます。

毎日、茎を切る

バラのお手入れには、ちょっとしたコツがあります。

まずは毎日、花瓶の水を替えて、茎を斜めに切ること。そのままにしておくと、茎の切断面にバクテリアが発生し、茎の管から水が吸えなくなってしまうのです。くたっと首が垂れてしまいます。1cm程度で良いので、毎日茎を切るようにしましょう。斜めに切ると、断面積が増えるので水を多く吸うことができます。

涼しい場所に

バラが苦手とするのは直射日光、冷房や暖房などの直風、暖かい場所です。
冷暖房の直風を避け、できるだけ風通しの良い日陰の涼しいところに飾りましょう。

夏の暑い日の外出や睡眠時に室温が上がりそうな時には、花瓶に氷を入れたり、冷蔵庫に花瓶ごと入れると長く楽しめます。

花瓶を替える

さて、毎日1cmずつ切っていくと、茎はどんどん短くなります。

特に長持ちするケニア産のバラは、だいたい2週間ほど、長い時では1ヶ月ほど持つこともあります。飾り方のコツは、最初は茎を長く楽しむ高さの花瓶で飾り、茎が短くなったら背の低い花瓶に移し替えていくこと。

たとえば、最初は20本をバサッと大きな花瓶に活け、後半はいくつか（3〜4つ）の短い花瓶に小分けして水回り（キッチン、バスルーム、トイレなど）に飾るのもおすすめです。水回りに生花を飾ると運気が上がると言う人もいます。

花びらを浮かべる

終盤いよいよ茎が短くバラの頭だけが残ったら、口の大きな花瓶やお皿に2〜3cmほど水を張って、そこにバラの頭の部分だけ並べてダイニングテーブルや玄関に飾るのもおすすめです。もしもこの時点で花びらが傷んでいたら、外側の傷んでいる部分を取り除いて飾ると美しい印象になります。

また、バラの花びらを水に浮かべて飾る方もいます。ただ、水に触れた花びらは1日ほどで傷んでしまうので、最後の最後の楽しみ方として知っておくと良いと思います。

話しかける

バラは毎日お手入れするのがベストですが、2日に1度または3日に1度でも、気づいたタイミングで、茎を切り、水を替えてあげてください。「毎日きれいに咲いてくれてありがとう」そんなふうに心のなかで語りかけると、バラはあなたの気持ちに応えてくれます。

花に話しかけるなんて、変なことだと感じるかもしれません。でも、お店に定期的にいらっしゃるお客様のうち、1ヶ月以上咲いていたという方に質問をしてみました。「変な質問だと思われるかもしれませんが、毎日花に話しかけていますか？」と。なんと答えは100％「イエス」でした。

花は人間とコミュニケーションをとっているのかもしれません。大切にすればするほど、生命力を信じれば信じるほど、存在感を発揮するのですね。

お茶で香りを

お店にバラ入りのブレンドティを置くようになったのは、「バラなんて恥ずかしくて贈れない」というシャイな男性のために、「それならお茶はいかがですか？」と敷居を低くするためでした。生花はケニアからですが、お茶の原材料は北アフリカのモロッコからダマスクローズを、南アフリカからはルイボスティをと、やはりアフリカ産のものが中心です。バラをプレゼントするのは恥ずかしいけれど、バラのお茶ならプレゼントできそう、そんな方のために。容器の瓶は、一輪挿しとして再利用できますので、次の機会には、バラをプレゼントする口実にもなるのではと想像を逞しくしています。バラを贈る習慣をもっと多くの男性に持ってもらいたいと願いつつ。

バラを眺めながら、香りを楽しむお茶の時間は、とても贅沢なひと時です。

お店にくる笑顔の素敵なお客様と接していると、どなたも「自分自身との時間」を大切にされているなと感じます。毎日の忙しい生活の中でも、花の水を替える5分の余裕を持つ、そのことを大切にされているのです。

「花の水を替える5分の余裕が持てない時、自分の状態がよくないなって思う。いらいらしたり、気持ちが焦っていたりするのよね。そういう時は、ゆっくりお茶を淹れて、バラを眺めることにしてるの」そんなお客様がいらっしゃいます。

茶葉を入れたティーポットから、たっぷり時間をかけて香りを待ち、その時間を楽しむ――。お湯を注いで、透明な水に赤や青のさわやかな色が広がっていくのを見ていると、それだけで心がほぐれていきます。

お店には何種類かのブレンドティを置いています。贅沢にダマスクローズが入った「赤」は、芳醇なバラの香りと仄かな酸味が口に広がります。「青」は清々しい香り、「緑」はすっきりした香り、「黄」は穏やかな香りです。

ティーカップに注ぐ瞬間の温度の変化や香りを楽しみながら五感を満たし、感覚を開くこと。自分を雑にあつかわず、疲れている時には遠慮なく、丁寧に気持ちのお手入れをすること。生きたバラはいろんなことに気づかせてくれます。

バラとの対話

私は毎日たくさんのバラに囲まれています。広尾のお店にはもちろん、自宅にも飾っています。何万本ものバラをさわってきたので、バラの魅力を誰よりもよく知っているつもりでした。ところが――。

「バラは先生なのよ。バラはなんでも知っていて、それを私たちに教えてくれるの」

満面の笑みでうれしそうに私に話してくれる彼女の言葉の意味を、最初はまったく理解できませんでした。私が不思議そうな顔をしていると、彼女は続けました。

「じっくりと、よーくバラを眺めてみて。蟻になった気持ちで、花びらを散歩するのよ。ほら、花びらの凹凸や滑らかさ、たまに傷や窪みがあるのを感じるでしょ。もっともっとじっくり眺めていると、あなたとバラはひとつになるの。あなたの身体は溶けてなくなり、バラの魂とあなたの魂がつながってひとつになるのよ」

その体験、してみたい!! そう思って、その日から私は彼女の生徒になりました。彼

女はアートの先生だったのです。私の「バラ体験」に「描く」ことが加わった日です。描いてみて思ったのは、1輪のバラをこんなに間近に見て、こんなに深く感じ、こんなにじっくりと語り合ったことはなかったということ。

バラの花びらをよく観察すると、私たちの肌のシワや血管の形や模様ととてもよく似ていることに気づきます。真上から見ていると、中心にむかってすこしずつ面積は狭くなっていき、奥に吸い込まれてしまいそうです。柔らかな花びらのスロープを降りた先には、仄かに明るみを帯びた空間があります。温かい光に包まれたような気持ちになって、心が開かれていくのを感じます。

「バラは宇宙」という表現がありますが、この表現を聞いた時、「永遠は瞬間」という言葉を思い出しました。過去はもう過ぎてしまったこと。未来はまだわからない。確かなものは「いまこの瞬間」だけ。その瞬間がたっぷりと満たされた時、心は解き放たれます。

過去の後悔や未来の心配で、「いま」という時間がしぼんでしまっている時、心に迷いがある時、私はバラを絵に描きます。じっくり眺めているとバラが私に大切な質問をしてくれるのです。目の前のバラは心の状態を映してくれる鏡です。その鏡にありのままの自分を映す時、こわばった気持ちが消え、自然と涙があふれることもあります。感謝していることや、悲しかったこと、うれしかったことをありのままに受け止めなおすのです。涙を流した後はとてもスッキリした気持ちになります。

この「バラとの対話」を学ぶ前は、大切な人に八つ当たりしたり、愚痴を言ったりしていました。ピアノを弾いたり運動をしたりして一時的にストレスを発散していたこともありました。でも、いつも本質的な課題は残ったままでした。バラと会話することで、本当に心から自分が望んでいること、恐れていること、不安なこと、解決したいことがハッキリとわかるようになりました。

私は毎日、「きれいに咲いてくれてありがとう」と心の中で話しかけます。

「バラは先生」――彼女の言葉がいま、わかる気がしています。

バラが元気なのは
太陽も風も人も音楽も
すべてが祝福してくれたから

AFRICA

ナイバシャ湖のほとりで

どこまでも広がるケニアの大地を、グレート・リフト・バレー（大地溝帯）と呼ばれる巨大な谷がつらぬいています。南はモザンビークから北はヨルダンまで、アフリカ大陸を縦断する約7000キロメートルの巨大な大地の裂け目で、「人類発祥の地」とも「動物の楽園」とも言われています。ナイロビから車で3時間ほど北西に進むと、このリフト・バレーに出るのですが、この谷をさらに1時間ほど北西に走ると大きな湖があるバラの産地ナイバシャにつきます。ナイバシャ湖から立ちのぼる霧が次第に濃くなり、時には5メートル先も見えなくなります。湖の周辺にはいくつも街が栄えており、約60のバラ農園があります。有名なバラの産地なので国中から農園で働く人が集まります。車を走らせていると、広いところでは100ヘクタールもの敷地を持つ農園が右にも左にも見えてきます。

そのひとつに、アフリカローズが提携しているバラ農園があります。85ヘクタールの敷地に白いグリーンハウスが50棟ほど並び、農園内には従業員が生活する寮や病院や学校まであります。それでもナイバシャでは中堅サイズの農園です。

赤道直下にあるケニアは日照時間が長く、ナイバシャ湖周辺は標高1800〜2300メートルに位置し、1日の寒暖差が激しい土地柄です。朝晩は5度、昼間は25度くらいと、1日のうちに20度前後の気温差があるのです。この気候が色鮮やかで大輪のバラを育んでくれます。

グリーンハウス

ケニアは雨季と乾季がありますが、雨季の湿気や虫の対策として、また赤道直下の強い日差しに花びらが焼けてしまわないよう、グリーンハウスの中でバラが育てられています。グリーンハウスは天井が高く、開閉式になっています。

バラの苗は、はじめ「ナサリー（苗の部屋／幼稚園という意味もあります）」で挿し木され、芽が出るのを待ちます。6〜8週間程すると茎から新芽が出てくるので、グリーンハウスに移動し土に植え替えます。ハウス内には扇風機が取り付けられており、湿度と温度が最適な状態になるよう工夫されています。日本では春と秋がバラの季節ですが、ケニアではほぼ1年中バラが栽培されています。

苗がグリーンハウスに移動されてから、だいたい4〜5ヶ月で収穫できるようになりますが、その間、担当者が毎日念入りに手入れをします。ひとつのグリーンハウスに12名ほどの担当者がつき、ひとりが1区画を担当します。ですから、苗から収穫までをひとりが育て上げるという仕組みです。虫を取り除いたり、茎と茎の間に空気が通りやすくするために余分な葉を切り落としたりと、さまざまな作業をします。

農園スタッフの話

この農園に勤めて4年目になるローズは、以前は紅茶農園で働いていました。花が好きなので、バラ農園に転職して来たとのこと。以下は彼女の話です。

「私は農園の敷地内のレジデンスに住んでいて、隣近所には仲の良い同僚もいるのよ。だから、困った時はみんなで支え合ってる。敷地内だから歩いて仕事場に通えるしね。私たちはグリーンハウスのひとつの区画をひとりが担当していて、私の担当は赤の大輪のバラなの。働きはじめの頃はいろんな品種を覚えるのが大変でね。でも、いまはすっかり慣れて楽しいわ。

お昼ご飯はたいてい社員食堂ね。私が好きなのは、ギゼリというトウモロコシを茹でて塩で味付けしたものと、キャベツ炒め。それから、トマトのスープも好き！　社食に飽きてしまった時は、簡単につくったお弁当をタッパーに入れて持ってきて、同僚と一緒に芝生に座って食べるの。ここはお天気の良い日が多いでしょう、だから、空の下でね。いろいろな話ができて楽しい。

仕事が終わって家に帰るのは、夕方の4時くらいかな。休みはシフト制で1週間に1日。だから旅行とかは、あまり行けないわ。残念なことといえば、それくらいかしら。あとは満足してるの。働く場所があるって幸せなこと。感謝してます。それにね、この農園に転職したことで年収が40万も上がったの！　子どもと親の4人を養っているから、収入が安定して

FLOWERS

いることはありがたいわ。いま、いちばん楽しみなのは、もうすぐ夏休みなので娘が1ヶ月うちに帰って来ること。隣の村のおばあちゃんの家に連れていったり、娘が好きな料理をつくってあげたい。いまから待ち遠しい」

ゴスペルと空を旅するバラ

午前中に収穫したバラは、念入りに品質がチェックされます。合格したバラは水あげ専用の部屋に運ばれます。この部屋の温度は2度に設定されており、とても寒いので、作業をする人は厚手の上着を着ています。

水あげされたバラは最低半日冷やされ、その後、規格チェック、葉落とし、花びらの保護へと進みます。バラは10本単位で束ねられ、輸送中に花びらに傷がつかないように厚手のボール紙で頭の部分が包まれます。また、茎の長さによって売価が異なるため、「何センチ」と書かれたシールをボール紙に貼っていきます。

印象的なのは、この作業をする広い部屋に、いつもゴスペルの音楽が流れていること。ケニア人の約80％がキリスト教徒で、幼い頃から教会でも学校でもいつもゴスペルを聴いて育った彼らは、大自然への感謝や神への愛、奇蹟への喜びを音楽に託し、ゴスペルを聴きながら作業するのです。この作業が終わるとバケツに入れ、ふたたび冷却の部屋に戻します。そこで数時間冷やした後、箱詰めとなります。

FLOWERS

1箱にだいたい350本くらいのバラを詰めていきます。箱詰めされたバラはトラックに積まれ、翌日の午前中にナイロビのジョモケニヤッタ国際空港に着きます。ナイバシャ湖の農園からナイロビまではトラックで3時間ほど霧の中を走ります。空港の貨物地区で輸出用の書類が提出され、検疫が行われ、輸出業者にバトンタッチされます。そこから世界中に運ばれていくのですが、日本までは特に長旅です。ナイロビから東京への直行便はなく、ドバイかアブダビを経由します。その間、バラの箱は常に2度から8度にコントロールされ、乗り換えの時間も含めて17時間の時をかけてアフリカ大陸から東アジアの国、日本に届くのです。

ケニアとバラ農園

ナイロビの街でアフリカのバラと出会い、このバラを日本に輸入しようと思い立った時、私はまず農園探しからはじめました。

ケニアの切花産業は、国内流通用のバラ農園と輸出のための切花農園に分かれています。輸出用切花の農園は、農業省から特定の輸出許可証明書を発行してもらわなければなりません。証明書をもらうためにはいくつも条件があり、役所の担当者が実際に農園を訪問し、評価します。厳しい条件をクリアしてはじめて輸出の許可がおりるのです。その条件のひとつが「児童労働がない」ことです。

豊かな自然や文化の国ケニアですが、同時に多くの問題も抱えています。失業率・貧困率ともに40％台で、汚職も絶えません。実際、私自身がケニアに住んでいる時に何度も警察や役人の汚職の現場を目撃しました。小学校の建設目的で割り当てられた予算が知らないうちに消えてなくなったりします。不思議なことがよく起きました。当局が「ケニアの切花産業には児童労働はありません」と言ったとしても、一方で「本当に本当かな？　自分の目で確認するまでは信じられない」と疑っていましたので、最後は自分の目で確認しようと思っていました。

いまお世話になっている農園を訪ね、オーナーにお会いした時、とても温かい人柄を感じました。農園には働いている子どもの姿はなく、誰もが鼻歌を歌いながら笑顔で楽しそうに作業をしています。以前、私は日本のある工場を見学したことがありますが、そこで働く人たちよりもはるかに生き生きとした表情だと思いました。

ケニアにはシングルマザーが多く、結婚した旦那さんがナイロビに出稼ぎに行ってしまい、次第に仕送りが届かなくなるケースもよくあると聞きます。幼い子どもを抱えたシングルマザーには、特に仕事が必要です。この農園の経営者は「ケニアにおける女性の経済的自立はとても重要」という信念から、積極的に女性を採用し、農園の従業員の約80％が女性なのです。

私はこの農園と契約することに決めました。

ローズの上司にあたるマネジャーの男性が言いました。
「ケニアでは大家族が多く、自分の奥さんや子どもだけでなく両親や親戚も養うことが多い。だから収入の安定はとても重要なんだ。もっともっと日本にバラをひろめて、どんどん輸入してくださいね！」

空港でバラを待つ

輸入にトラブルはつきものです。荷物が届かなかったり、発注したものと数や種類が違ったり、お互いにどんなに注意していても、トラブルがゼロになることはありません。そんな時に助けてくれるのが、ナイロビの空港でバラを検疫し、貨物地区から飛行機に載せる役割を担ってくれているカマウという男性です。もう10年以上もこの仕事をしている、かなりのベテラン。トラブルが起きた時に彼の携帯に連絡すると、夜中でも対応してくれます。とても責任感のある頼りになる存在です。貨物地区のスタッフと連携し、バラの入った段ボールをコンテナに入れ、飛行機に積み込む手配をしてくれます。

カマウのチームメイトのアンという女性は、デスクワーク担当のスタッフです。輸出用の書類を作成して、メールでバラの輸出情報を私に送ってくれます。アンはもともと航空会社に勤務していましたが、3年前に輸出専門職のフォワーダーに転職をしたのです。半年前に第一子の女の子を産み、3ヶ月前に復帰したばかり。仕事は夕方6時まで。1日でいちばん

幸せな瞬間は、娘に母乳を飲ませている時だと言います。そんなアンが、私に尋ねたことがあります。

「子どもはいるの？」

「いずれは欲しいけど、いまはいないの」そう答えた私に、

「出産と子育ては、とても素晴らしいことよ。こんなに幸せで満たされた気持ちになるなんて想像していなかったわ。神様に感謝しているの」と話してくれました。

ケニアでバラを育てる農園の人たちはもちろん、輸出の仕事でお世話になる人たちの顔が見えること、信頼できることは、とてもありがたいのです。

はじめてアフリカからバラを輸入した日、どんなに不安だったか、いまでも時々、思い出します。


私がはじめて輸入したのは２０１２年の6月のことでした。

母と2人、トヨタのファンカーゴという荷台の大きな赤い車で成田空港にむかいました。遠いアフリカから生のバラが届くなんて信じがたく、万が一、予定通り届かなかった時のために、着替えをもってホテルに泊まる準備をしていました。実家のある町田から成田空港までは片道約3時間。往復すると満タンのガソリンがエンプティになる距離を、美しい夕焼けの空を眺めながら走りました。空港に着き、書類の手続きを終えると、バラの荷物は飛行機に載っていることがわかり、ひと安心。「もうすぐケニアからバラが届くんだ！」とワクワ

クした気分になりました。はじめて届いた箱をあけ、色鮮やかなバラたちが顔をのぞかせた時の喜びはいまも忘れられません。

あれからもう5年が経ちます。こうして空港に来ることが習慣になりました。

空港では、まず航空会社の貨物専用カウンターに行って書類を提出し、荷物が届いているかどうかを確認します。飛行機からバラが降ろされ貨物地区に運ばれるまでには1時間ほどかかるので、ベンチで待ちます。いよいよバラが届くと、仮搬出といって、検疫のために一時的にバラを受け取る許可が出ます。この時点では、まだ段ボールにシールがついていて、箱をあけることができません。手を伸ばせば届く距離にいるのに、まるでガラス越しに語り合う遠距離恋愛の恋人同士のような気分です。バラの箱をフォークリフトで運んでもらい、検疫の部屋に持っていきます。検疫官からどの段ボールを検査するか指示があると、やっと箱をあけることができます。規定の量のバラを台の上に並べ、検査の準備をします。箱をあける時には毎回、「はるばるよく来たね」と語りかけたくなります。昔、祖母の家に行くと、祖母は私の顔をクシャクシャになでながら、「よく来たね、よく来たね」とうれしそうに何度も言ってくれました。私はアフリカからバラが届くたびに、祖母の言葉を思い出すのです。

理科の実験室のような部屋のテーブルの上に、箱から出したバラを順番に並べていきま

FLOWERS
NAIVASHA

す。検疫官がバラの頭を下にして振り、虫が出てこないかチェックします。もしも虫か出て来たら、それをルーペで見て、日本に入れてはいけない種かどうかを調べます。その虫が日本に入れてはいけない種であれば「燻蒸《くんじょう》」といってガスで消毒します。その消毒には強弱2種類あり、ゆるい方はさほどバラにダメージはありませんが、きつい方は著しくバラの品質を下げます。

日本に入れてもOKな虫は「合格」となり、印鑑をもらって税関部門に進みます。検疫官が奥の検査の部屋から出て来た時は、最も緊張する瞬間です。検疫官はポーカーフェイスなので、ドアから出て来る時の顔の表情を見ても、なかなか結果を予測することはできません。たいていの場合、「合格です」とシンプルな口調で告げられ、通知を持って税関へと進みます。「合格です」と言われるたびに、私は心の中でガッツポーズをします。そして、心配しているすべての人（アフリカローズのスタッフや家族）に「今回も無事に合格だったよ！」と連絡をしてから、税関にむかいます。

税関部門でも書類審査があります。いろいろな税金を計算します。小学校の算数の授業のように、たくさん赤入れをしてくれます。こんなに間違えるのは珍しいと思うし、毎回何度も訂正されることに少々の罪悪感と申し訳なさを感じ、「何度もすみません」と伝えると、「仕事ですから」と淡々と正確に、そして親切に手続きを進めてくれるのです。いろんな箇所に印鑑を押し、ようやく税金を支払って完了です。

支払い証明書を持って航空会社の貨物カウンターに戻り、手数料を支払い、バラを車に積み込みます。

「やっとバラを持って帰れる！」

日本に到着してから約3時間、検疫と通関にかかった時間です。

「喉が渇いているだろうから、一刻も早くお水を吸わせてあげたい！」

逸る気持ちでバラを車に載せ、広尾の店に向かいます。

店について箱をあけた時には、バラは元気がありません。長旅に疲れたかのようにぐったりしています。すぐに茎の先を切って水の入ったバケツに入れます。すると、花びらや葉が勢いよく水を吸って張りを取り戻し、生命の輝きを放ちはじめるのです。毎回、ケニアのバラの生命力に感嘆してしまいます。

いまでは毎週、月曜日と金曜日にケニアからバラが届きます。新鮮でエネルギーに満ちたバラに引き寄せられて集ったお客様が、口々に「まぁきれいね。すごい生命力ね」とおっしゃるのを聞き、胸が熱くなります。

ナイロビの小さなお花屋さんで、はじめてこのバラを見た時の感動がいまここにある。同じ感動を日本のお客様と分かち合えている――。それは私にとってかけがえのない瞬間、この上ない喜びです。まるで時の魔法にかかったような気持ちになります。

ケニアの朝

ケニアではじめて迎えた朝のことを時々、思い出します。

ニワトリの鳴き声で目が覚め、少し破れたカーテンの隙間から柔らかな日が差し込んでいました。昨日までの疲れが嘘のように軽くなっています。ベッドで半身を起こして両腕を伸ばすと、「ケニアにいるんだ！　ニワトリの声で目が覚める……、なんて贅沢で豊かなんだろう！」と、笑顔になってしまいました。

ケニアの朝はとても早く、まだ暗いうちからカフェがオープンします。私の滞在していた村にはサッカーコートくらいの広場のまわりに、洋服屋さん、カフェ（と言っても5席くらいの小さなカフェ）が2軒、宿が2軒、雑貨屋が1軒ありました。

カフェに入り、ケニアの朝ご飯の定番であるマンダジ（三角形の揚げパン）とチャイ（ミルクティー）を注文しました。揚げたてのマンダジは三角形が丸く大きく膨らんで、熱々でとても美味しいのですが、時間が経つとぺたんこに萎み、美味しさが半減します。朝早くカフェに入ると揚げたてのマンダジが食べられるのですが、その日はほんのり温かい萎みかけのマンダジでした。チャイはコップになみなみ注がれていて、すこしでも揺らすとこぼれてしまいます。たっぷりスプーン2杯のお砂糖を入れよく混ぜて飲むのがケニア風です。熱々のチャイは心と身体を一瞬にして目覚めさせてくれます。ケニア人は皆チャイが大好きです。マンダジとチャイの朝ご飯は30シリング（約30円）。温かさと甘さを味わい、感謝する

瞬間。1日の始まりに、このようなひと時があることに。

たおやかな女性たち

ケニア人はとても清潔です。空気は乾燥していて砂埃がたまりやすいので、1日中、お店の隅から隅までいつもほうきで掃除をしています。女性たちが鼻歌を歌いながら。

私が滞在した村でも、ナイロビでも、ケニアの女性はシングルマザーが多く、みんな生き生きと働いていました。日本にいた時のように、女性が男性と競い合って働くようながむしゃらさはなく、女性らしく輝きながら自然体で働いているように見えました。家族の太陽のような力強い存在として、男性から敬意をはらわれながら。

私がある小さな村で出会ったシングルマザー（2人の子持ち）の女性は、経理事務所で働いていましたが、ある日、突然、解雇されてしまったそうです。もともと給与がそんなに高くなかったので、自分で商売をはじめてみようと思い立ち、本をたくさん買って小さな本屋をはじめました。私立の学校に営業に行くと、本をまとめて買ってくれたそうです。その時、自分の新しい能力を発見したと、彼女は言います。その後、紹介や口コミでどんどん顧客が増え、いまでは経理事務所の時の収入を上回っているとのこと。それもたったの2年間で。彼女はいま幸せだと話してくれました。2人の可愛い子どもがいて、本を買ってくれる得意先の学校があって。毎月売上の数字が伸びているそうですが、まったくガツガツしたと

ころはありません。とても穏やかで柔らかな話し方なのです。ケニアの女性たちの健やかさに学びたいと、いつも思います。

C 3

HAKUNA MATATA

「問題ないさ」大丈夫、大丈夫、
すべてうまくいくから。

YALIYOPITA SI NDWELE, GANGA YAJAYO

「過去は忘れて今を大切に」

USIWE NA WASIWASI KWANI POLE POLE NDIO MWENDO

「心配することない、ゆっくり焦らずにいこう」

どんな日も、
出会えたと思う心から
物語がはじまっていく

STORY

高校3年の夢

高校3年生の時には、大学受験のため、塾に通っていました。

1年くらい海外に留学したいと考えて、海外に提携校がある大学を探しているうちに、「あれ？　私は大学でなにを学びたいのだろう？」と考えるようになりました。

留学するために日本の大学を選ぶくらいなら、はじめから海外の大学に行けばいいのではないか？　海外の1年という時間は、きっと私には短すぎる。慣れた頃に終わり、「もっと長く滞在したかった」と後悔する自分が想像できました。ならば、4年間まるまる留学してしまおう！　その方がぜったい楽しい！

想像するとワクワクしました。

両親に自分の考えを伝えると、母は「なぜ留学したいのか？」と毎晩、私に質問しました。その私の答えに、また「なぜ？」。

たまに父が話に参加して私の意見をただただ聞いていて、最後に「それで？　なにをしに行きたいの？」と聞くのでした。「英語を流暢に話せるようになりたい」「世界各国に友達をつくりたい」。そんな私の答えに父は不満そうな顔をして、なにも言わずに寝室に行ってしまうのでした。その後はまた、深夜まで母との「なぜ？」の会話が続きます。そんな高校3年生でした。

結局、母と一緒に出した答えは、「アメリカには、英語を学びに行くのではなく、英語でなにかを学びに行く」というものでした。その「なにか」はまだ決まっていません。それを探しに行くのだ、と。

父にそれを告げると、「それで？　どうしてもやりたいことはなんなの？」またいつもの質問です。

私は思わず、「卒業式の日に、黒いガウンを着て、四角い帽子を空にむかって投げたいの!!」お腹の底から勝手に声が出ていました。

すると父は、初めて満足そうに微笑んで、「そうか。それは日本の大学ではできないな。アメリカに行って頑張ってきなさい」と言ってくれたのです。

「え??　ポイントは、そこ?」私は拍子抜けしました。父は私の「頭の声」でなく「心の声」に耳を傾けてくれていたのだと思います。

アメリカとスペインへの留学

アメリカではカリフォルニア州立大学チコ校に入学しました。北カリフォルニアの緑が豊かなエリアで、街の中心に大学のキャンパスがあるとても小さな街です。道ですれちがう誰もが「How are you doing?」「What's up?」と声を掛け合ったり、アイコンタクトをして微笑み合うようなフレンドリーな街です。

アメリカで1年が過ぎる頃には、メキシコ人、クロアチア人、ドイツ人、ブラジル人、ロシア人、トルコ人、マレーシア人、サウジアラビア人、インド人、いろいろな国の友達ができました。なかでも、スペイン人の男の子と恋に落ちた私は、彼の生まれ育った文化や言葉を学びたいという情熱にかられ、1年間スペインに留学することにしました。楽しい時間はあっという間に過ぎます。スペインでのホームステイと留学が終わり、アメリカに帰国して、いよいよ専攻を決めなければなりません。アメリカの大学は日本とは異なり、入学時には専攻は決めなくてよいのです。私は「国際関係学」を専攻することにしました。

モデル国連と貧困問題

国際関係学部の授業の延長に「モデル国連」の大会がありました。ニューヨークの国連ビルで、学生が世界各国の外交官役を演じ、実際に国連で議論されているような世界的な問題、たとえば環境問題や貧困問題などについて議論するのです。

ちょうどその年の3月にスペインのマドリードでテロがあり、モデル国連の中で、スペイン役の学生が「先日発生したマドリードのテロの犠牲者に追悼の意を示し、黙禱を希望します」と発言しました。私はロシア役だったので、大会当日の朝、本物のロシアの外交官に実際のロシアの外交戦略について質問できたことはよい経験になりました。この大会に参加したことで、国際社会が協力をして共通の課題を解決することの大切さを痛感したのですが、もうひとつ、大きな気づきがありました。それは、アフリカや南米、東南アジアなど開発途上国の貧困問題でした。サブサハラアフリカ（サハラ砂漠以南のアフリカ地域）には、当時3億人以上もの人が1日1ドル以下で暮らしていました。教育の機会や恋愛の自由どころか、水も電気も明日の食べ物もない人たちがいる。その現実に息苦しくなりました。

アフリカの内戦中の国では、小学校低学年の子どもが銃を持ち、敵の兵士を殺す訓練をさせられたり、死んでいる敵の兵士から銃を盗まされたりしています。

女性に生まれたというだけで、男性と同じ水準の教育を受けられない環境の国もあります。13歳でお見合い結婚させられ、恋愛経験もないまま、出産を強要される女の子もいます。

私はたまたま現代の日本に生まれ、恵まれた家庭に育ち、着たい洋服を買ってもらえ、食べたいものを食べることができる。

いったい、この違いはなんだろう？　世界はぜんぜん平等じゃないじゃないか！

一方、別の疑問も湧いてきました。

1日1ドル以下の生活って、そんなに大変なのだろうか？（物価も安いだろうし、物々交換など私たちが知らない生活スタイルや価値観があるかもしれない！）

経済的には貧しくても、精神的には豊かなのかもしれない。（お金はなくても、豊かな自然とたくさんの時間がある！）

先進国がお金や物資を寄付しているけど、それは本当に彼らが求めているのだろうか？（逆に彼らの豊かな自然や伝統や文化を奪ってしまっているのでは？）

次々と湧いてくる疑問を晴らすには、現地に行って、自分の目と耳、肌と心で感じる必要があると思いました。

しかし当時の私は親のスネをかじってアメリカの大学に通わせてもらっている学生に過ぎません。そんな学生が、このタイミングで現地に行くことに意味があるだろうか。自立もしておらず、自分のことすら支えられないのに、と。

モデル国連が終わってからも、いつもモヤモヤしていました。

「私に、なにができるのだろう?」

企業人として働きながら

悩んだ末に出した答えは、「まずは一人前の社会人になろう」ということでした。なんの知識もスキルもない学生が行っても誰の役にも立たない。まずはきちんと自分の力でお金を稼いでみよう。社会の役に立つ自信がついて、それでもアフリカに行きたかったら、その時に行けばいい。そう決めました。

ご縁に導かれ、新卒で入社したのは、エーザイ株式会社という日本発のグローバル製薬会社でした。チョコラBBやサクロンで知られている製薬会社です。医療を通じて人の命に貢献する仕事、グローバルに活躍するチャンスがある仕事、そして人が温かい会社と感じ、エーザイに入社しました。

営業を経て、本社のグローバル人事戦略部というセクションで働いていました。社内の研修の企画運営、新人の採用、ダイバーシティ推進プロジェクトなどの担当です。仕事は充実していて、素晴らしい仲間に恵まれ、成長も実感していました。でも、とても満ち足りていて幸せなはずなのに、時折、ふと感じる空虚感が少しずつ大きくなっていくのでした。

その頃、社内では、WHOと提携して「リンパ系フィラリア症」という感染症の薬（自社のインド工場で製造）をアフリカ諸国に無償提供するプロジェクトがスタートしました。これまで私のなかで離れた存在であった「エーザイという会社」と「いつか行きたいアフリカ」が重なった瞬間でした。そのことが、私のなかにあったアフリカへの思いを再燃させました。当時29歳だった私は社会人7年目でした。

「いま行かなければ、一生後悔する」そう思いました。でも同時に、「安定した仕事を手放すのか？」とも迷いました。しばらく葛藤しましたが、自分の心の声に従うことにしました。会社を辞めることを決め、愛ある反対と温かい応援を感じながら、NGOの一員としてアフリカに旅立つことにしたのです。

ケニアでのNGO活動

ケニアでは、小学校の建設を支援しているNGOでボランティアスタッフとして働きました。現地の建設コンサルタントが地域のお母さんたちに作業の仕方を教えながら、一緒に教室をつくるプロジェクトです。そのなかで、道具の管理の仕方や、意思決定のプロセス、子どもの学校教

育や地域の大人がどう教育に関わるべきかなど、当事者が話し合うことはたくさんあります。私はその環境をつくるお手伝いをしていました。いちど一緒に「教室づくり」をすると、現地の人たちはやり方を覚えます。次からは自分たちでできるようになります。ケニアの小学校は8年制なのに、教室が2つしかなくて、いくつかの学年がひとつの教室で学んでいるケースも少なくありません。教室の数によって先生の数が決まるため、教師を増やして教育の水準を上げるためには、適切な教室の数を確保することが必要なのです。また、家が遠くて通えない子どももたくさんいます。そんな子どもたちにとっては、近隣に小学校ができることで通学しやすくなり、ドロップアウトを防げます。

たくさん教室をつくれば、学校に通える子どもたちを増やし、教育の水準を上げることが可能になるはずですが、現実には、それでも学校に通えない子どもたちがいました。

ケニアの失業率は約40%。特に農村部では充分な仕事がありません。そんな家庭では、子どもたちが家計を支えるために働いています。まだ小学生の小さな身体で、建設用の砂を採取して建設会社に売ったり、川で魚を釣って魚屋に売ったりしています。たいてい、仕事がない家庭の親たちは学校に通った経験がない人が多く、教育の大切さに理解がある人は少ないのです。負のスパイラルです。

これを断ち切るためには、まずは大人に働く場所を用意することが必要ではないか？　私はそう感じはじめていました。

私たちのNGOが、新しく支援を検討している村がありました。貧困レベルがかなり高い村でした。

その村の小学校の校長先生にお会いした時のことです。

「Welcome!! How can I help you?」校長先生は、そう言いました。

私は違和感を覚えました。私たちが支援に来ているのに、なぜ私が助けてもらわなければならないのか？　その答えは簡単でした。

寄付をくれる団体の言うことを聞いていれば、校舎やお金をくれる。もらえるものは、もらっておこう。そんな意図が見えました。

いろいろな国際支援団体が来ては去り、来ては去り、団体によって支援の方法が異なるため、現地の人は、自分たち自身でなにが必要でなにが欲しいか、なにを自分たちでやるべきなのか、考える視点を失ってしまっていたのです。ショックでした。どうすることが正しいのか、よくわからなくなってしまいました。

でも、寄付や援助のように上から与える形の支援は、私がやりたいことではないことだけは、ハッキリとわかりました。

アフリカのバラと出会う

そんな時期に、あのバラと出会ったのです。

ケニアでは、月曜日から金曜日は水道も電気もない村で小学校をつくる仕事をし、週末はナイロビで過ごす生活をしていました。ナイロビのアパートの隣に小さなショッピングモールがあり、そこにあった小さな花売り場で、あのクリアという名の笑顔がチャーミングなフローリストと出会い、アフリカのバラを知ったのです。リアカーに煤汚れたバケツを置き、穴のあいたパラソルを差しかけていたあの場所で。そこに咲き誇るバラの輝きは際立っていて、力強いエネルギーに心を奪われました。

その日、バラを買って部屋に帰った私は、花をダイニングに飾りました。そして、さっそくインターネットで調べてみると、当時のケニアのバラの輸出量は、世界1位だったのです。ケニアの切花産業は、直接雇用で10万人、間接雇用で120万人も働いており、国家をあげて取り組んでいる産業です。ケニア産のバラは主にヨーロッパに輸出されており、日本に輸入されているのは全体の1％にも満たないこともわかりました。ですから、日本ではケニア産のバラはほとんど馴染みがなかったのです。

その時はまだ、自分がバラを輸入して花屋になるとは思いませんでしたが、とても大きな衝撃を受けていました。

また月曜日になると村に仕事をしに行きます。その間、バラの水を替える人はいません。せっかく買った美しいバラでしたが、翌週末にナイロビにもどる頃には枯れてしまっているだろうと、残念な気持ちで村にむかったのでした。

ところが！　週末にナイロビに帰ると、元気に咲いていたのです。

「なんて力強いバラだろう！」感動し、驚きました。

この圧倒的な生命力は、どこからくるのだろう？　アフリカ大陸が持つ根源的なパワー、ケニアの女性たちの自然で凛とした力強さも思い出しながら、私はテーブルの上の花を見つめていました。

バラを輸入しはじめる

NGOの仕事を終え日本に帰国すると、私は花市場や花屋を訪ね歩き、バラを見てまわりました。見慣れぬバラを見つけると「どこのバラですか？」と産地を聞いてみます。すると「外国産だと思いますが」という返事。国名まで答えられる店員はごくわずかでした。

ネットで「ケニア　バラ」と検索してみると、安いバラが売っていたので注文してみました。けれども、届いたバラは私がケニアで感動した大きくて鮮やかで生命力の豊かなバラではなく、小さくて3日で枯れるありふれたバラでした。

「こんな品質でケニア産と名乗って欲しくない！　私がケニアで出会ったバラはこんなもんじゃない！　もっとパワフルでダイナミックなバラなんだ」

憤りにも似た感情でした。

日本市場に卸されているケニア産のバラは、規格内のものに限られていることがわかりました。規格外のバラは値段がつかないのです。しかも、もともとケニア産のバラは花業界では評価が高くないので、せっかく商社が輸入しても高い値段で売れず赤字になってしまう。そのため、安い値段に見合う品質のバラしか輸入できないという悪循環に陥っていたのです。ならば、市場を通さず直接ケニアからバラを仕入れればいい。そうすれば産地が特定できますし、品質も最高級のものを届けられると考え、まずは個人輸入からはじめてみようと心に決めました。

輸入することを決めても、実際の農園探しは簡単ではありませんでした。小ロットで輸出してくれる農園は簡単には見つからず、メールや電話をしても真剣に話を聞いてくれません。もう無理かな、と諦めかけていた時に、ケニアで知り合った友人に農園を紹介してもらいました。藁にもすがる思いで出会ったのが、いまお世話になっている農園だったのです。多くの量は輸入できないことを伝えると、なんと500本から輸出してもいいと言ってくれたのです。現地で農園主と会い、作業の様子にも納得して、契約をさせていただきました。

2012年6月、2500本のバラをはじめて輸入し、代々木公園で2日間だけの販売会を行いました。それが「アフリカの花屋」のスタートでした。

アフリカの花屋

代々木公園での販売イベントは大盛況でした。息つく暇もないほど、次々とお客さんが来てくれました。しかし、10万円のイベント出展料を払うと、結局収支は赤字でした。2日間で2500本を売り切るなど物理的に不可能だったのです。あまったバラを無料で配りたかったのですが、それではお金を払って買ってくれた方に失礼になってしまいます。泣く泣く売れ残ったバラを廃棄しました。ケニアの人たちが愛情を込めて育ててくれたバラを捨てることは苦痛でした。もう二度と捨てたくありませんでした。この時、在庫を抱えないような仕組みが必要だと痛感し、「アフリカの花屋」というオンラインショップをつくることにしました。ホームページを通して事前に予約をいただき、その本数だけをケニアから届けてもらうのです。在庫を抱えずにすみますし、バラを廃棄することもなくなります。店舗を持たないので固定費のリスクも少なくてすみます。

念願のオンラインショップは、その年の10月に完成しました。少しずつ新聞やラジオで「アフリカの花屋」が取り上げられるようになりましたが、なかなか軌道には乗りませんでした。月の売上が7万円ということもありました。その頃は実家に住んでいましたので、住居や食費は両親にサポートしてもらいながら、バラのPRに駆けまわる日々でした。もちろん自分のお給料なんて出ません。そんな生活を続けて1年が経った頃、フラワーデザイナーの田中秀行さん（Hide TANAKA：現 AFRIKA ROSE フラワーデザイナー兼取締役）と出会いました。彼が事業に加

わってくれたことにより、フラワーアレンジメントレッスン事業や冠婚葬祭の装飾、ジョエル・ロブションやアルファロメオなどのラグジュアリーブランドとのコラボレーションが可能になり、事業が大きく拡大しはじめたのです。

お店をつくる

少しずつ口コミや紹介、リピーターのお客様が増えてきた頃、もうひとつの新しい出会いがありました。マザーハウスの副社長である山崎氏です。ビジネスの大先輩である山崎氏からのアドバイスとは、「路面店をオープンする」ことでした。正直、私は自信がありませんでした。それまでの「リスクを極力減らす」というビジネスモデルの真逆だったからです。失敗したら格好悪い、そんな怖れの感情でした。しかし、実はネット販売だけでは限界があるとも感じていました。月に1度の輸入ではタイムリーに大切な人へのギフトとして選びにくいというご意見や、実際に花を見て購入したいというお客様からの声を多く頂くようになっていたからです。私はなにから逃げているんだろう？　考えれば考えるほど、お店を出すことに不安や怖れを抱いている小さな自分がいました。もともと、バラの事業を通してアフリカの雇用を増やしたいと願っていたはずなのに、それが原点だったのに、いまの自分は逃げているのだと気づいたのです。

それから約2ヶ月でお店をオープンしました。足りない資金はクラウドファンディングで、たくさんのお客様に応援していただきました。それだけではありません。お店づくりの大工仕事ま

で、お客様が参加してくださったのです。お店の床や階段、壁のペンキや木のテーブルなど、ほとんどプロの手を借りずにオープンまでこぎつけました。お店に命が宿りました。我が家のように遊びに来てくれるお客様や仲間がたくさんできました。最初は花には興味がなくても、他の入り口から花を好きになったり、花を贈る文化を楽しむ人が増えて欲しいと願いながら、バラに囲まれて楽しむワイン教室、ウェディングドレスとバラの美術館のような展示会、ケニア人シンガーと歌って踊るライブ、フェアトレードジュエリーやデザイナーやアーティストによる展示会など、様々な異業種とのコラボレーション企画が生まれ、次々に実現していきました。

月に1度、平日の夜に素敵な男性が集まりワイン片手に愛について真剣に語り合う会合も開かれています。「アフリカローズアンバサダー」の皆さんです。それぞれの業界で活躍されている遊び心のある大人の男性たちが、バラを贈る文化を広めるために集ってくださるのです。たくさんの素敵な皆さんに支えられて、アフリカローズの一日一日が存在しています。

小さなお店で生まれる物語

ある休日のもうすぐ日が暮れようとする頃に、20代後半くらいの清潔感あふれる青年がお店にいらっしゃいました。はじめてのお客様です。

なにから話してよいのかわからない様子で、しばらく黙ってバラを眺めています。

「プレゼントですか？」とお聞きすると、

AFRIKA ROSE

すこし時間をおいてから、

「実は、今夜プロポーズするので」と。

「もしよろしければ、ご自身で選んでみますか?」

その方は「あ、はい」と頷かれて、いろんな種類のバラの前に立ち、すこし眺めては「では、この色と」「あとはこれも」とバラを選びはじめました。

色や花束のボリュームが、だいたい決まったようでした。

「よろしければ花束も、ご自分でつくってみませんか?」

そう言うと、男性はすこし戸惑っているようです。

「花束なんて、つくれるのかな?」「どれくらい時間かかるのだろうか?」

そんな疑問が頭の中でぐるぐるまわっているようでした。

「大丈夫です。はじめての方でもつくれるようにサポートさせていただきますし、30分もあれば完成しますよ」

それでも、まだ考えているようです。

「プロポーズは一生に一度ですし、せっかくなので、いかがですか?　仕上がりがきれいになるようにお手伝いしますから」

すると、「はい!　じゃあやってみます」と笑顔で答えてくださいました。

花束をつくる30分の間、いろんな会話をしました。彼女との出会い、プロポーズを受けてもらえるかという不安、どんな場所や時間を計画しているのか、など。

私たちスタッフは、ワクワクしながら話を聞いていました。はじめてとは思えないほど素敵な花束になりました。バラを手に意気揚々とお店を後にする姿に、「うまくいきますように」と願わずにいられませんでした。

たぶん、一緒に選んでいる間、お話をさせていただくからだと思うのですが、ほとんどの方が結果を報告してくださいます。その方からも「プロポーズ、大成功しました！」とご連絡をいただき、ほんとうに嬉しく思いました。

彼女が花束を抱えた写真を送ってくださる方もいらっしゃいます。

プロポーズの数週間後に彼女と一緒に来てくださり、「あの花束、けっこう上手だったでしょ」と誇らしげにおっしゃる方もいます。

結婚式用のブーケや髪飾りに、ご両親への花束の相談に、しばらくすると赤ちゃんを連れてこられて——。

「この子の初外出は、このバラ屋さんなんですよ」

そんな一言をいただいて、感動します。感謝の言葉もありません。

家族の物語の大切な節目に、立ち合わせていただけること。アフリカローズのバラが寄り添わせていただけること。そんな関係を続けていけることがとても幸せです。

夜8時、閉店の時間です。バラをまとめたり、壁と同じグレー色のバケツから水を流したりし

ているど、

「まだ、バラ買えますか？」とスーツ姿の男性が立っています。

仕事終わりに、かけつけていらしたのでしょうか。

「大丈夫ですよ」

「よかった。今日は妻の誕生日なんです。この時間にあいている花屋は少ないから、助かりました」

お店を閉める時は、ほっとした気持ちもありますが、どこかで名残り惜しさもあります。お店を閉めても、そこにバラは咲いているから。日中、お客様とかわした会話を思い出しながら戸締りをしますが、ディスプレイ用の灯りはつけたままにします。シャイな方は昼間にお店に入るのはためらうけど、誰もいない夜には、きっと好きなだけ窓の外からバラを眺めていただけるから。

夜の時間も、昼の時間も、ケニアで栽培されている時も、日本に届く瞬間も、お店で並んでいる時も、お客様の手に渡ってからも、お客さんの大切な方の手に渡る瞬間も、バラはいつでもどこでも、私たちに喜びと幸せを与えてくれます。

私は自分を世界一幸せな花屋だと思っています。

あとがき

ケニアの人に「Are you happy?」と聞くと、
「もちろんさ！　自分も家族も元気で、仕事があり、僕の家には屋根があるんだ！」と元気いっぱいの笑顔で答えが返ってきます。

はじめて会ったケニア人に道を聞くと、まず挨拶が始まります。握手をし、「How are you?」から始まり、お父さん、お母さん、おじいちゃん、おばあちゃん……すべての親戚の健康を確認され、相手にも同じように質問し終えると、満足したように、「それで？　何の用だい？」と、やっと用件に移るのです。

私はそういうケニアの人たちの笑顔、温かさが大好きです。

経済的にはケニアよりも裕福なはずの日本。でも、大切な家族や恋人や友人や仲間に、感謝や愛情をどれだけ表現できているでしょうか？

人生は何が起こるかわかりません。今この瞬間は二度と戻ってきません。明日のことは、誰にもわかりません。今日こうして会えたこと、お互いに元気でいられること、それはほんとうに幸せなことなのだと、ケニアの人たちに教えてもらいます。

忙しすぎて休息も取れずに身体を壊してしまったり、大切な家族や友人と一緒に時間を過ごす暇がなかったり、金銭的な成功を追い求めた結果それを手に入れても結局、幸せの意味がわからなかったり。失ったものを知って、やっと幸せの意味に気づく人も多いのではないでしょうか？


いま、こうして生きていること。

そして、大切な人と一緒にいられること。

それがどんなにかけがえのないことか。


そんなメッセージを、バラを通してひとりでも多くの人に伝えられたら。

この世界に生きるすべての人たちが、心からの幸せと喜びで満たされることを願っています。

そして、溢れた幸せを愛情に変えて、まわりの大切な人たちに贈りながら、幸せな人をどんどん増やしていくことが、私の夢であり、目標です。


私が大好きなマザー・テレサの言葉があります。

ある白人男性がマザー・テレサに聞きました。「世界平和に貢献したいのですが、私にできることは何ですか？」マザー・テレサは言いました。「いますぐ家に帰り家族と時間を過ごすことです」と。

社会貢献や国際支援と聞くと、私たちはあまりにも大きいことを考えがちです。
でも、ほんとうは、その前に、もっと身近なところでできることがあるのではないでしょうか。

大切な人に「大切だよ」と伝えること。
大好きな人に「大好きだ」と伝えること。

それだけで、心が温かくなります。

「小さなことに、大きな愛情を込める」
これもマザー・テレサの言葉です。

こんな温かく幸せな循環が大きく大きく広がっていけば良いな、と思っています。

謝辞

深く広い愛情で育ててくれた祖父母、両親、可愛い妹たち。ご先祖様たち（萩生田家、今村家、芹沢家）。前職の上司と先輩たち。ビジネスモデルの相談に乗ってくださったビジネススクールの村上賀厚さん他、先生方。エーザイ時代の先輩方、北川健二さん、佐々木小夜子さん、三上光一さん、長山和正さん、徳永文さん他、たくさん広めて宣伝してくれた同期、先輩、後輩たち。幼稚園、小学校、中学校、高校、大学時代の友人たち。ケニアボランティア時代にお世話になったCANDOの永岡さん、佐久間さん、玉手幸一さん、景平さん、伊東彩さん、石田純哉さん、Kandali、Mutinda、Gabriel、Renson、Thomas、CANDOのスタッフたち。Kanbo、Felipe Brito、ブラジルで出会いインスピレーションを受けたNicole&Lucas夫妻、Clarissa、大学時代の友人Miroslov、Margaret。グリー時代の同僚たち。ケニアのバラ農園を紹介してくれた塩尻キチくん、農園を案内してくれた新井実さん、佐藤可奈子ちゃん、ケニア時代に遊んでくれたよっちゃん、ゆきえちゃん、もんちゃん、Mambo、Junior、農園の写真を撮ってくれた桜木奈央子さん。ケニアの農園で素晴らしいバラを栽培している生産者のAnn Muriithi、Victoria Kungu、DorcasWanjiku、Julie Muirui、Christopher Githaiga、Anna Nosavera、Peninah Muchwe、Ravi、Naren、いつもバラを飛行機に載せてくれてるケニアの輸出業者Kamau、Patrick、Anne、Mary Manje。「アフリカの花屋」の名付け親、そしてwebサイトを作ってくれたマインドプラス春明カくん、須山悦子さん、瀬古親一郎くん。ケニアやモロッコに一緒に旅をしてくれた渡邉美香りん。クラウドファンディング「きびだんご」松崎良太さん、安形隆広さん、須藤淳子さん、矢野さん。2013年7月実施ケニアのバラ農園の子供たちに日本のお菓子を届けに行くプロジェクトにサポートいただいた122名の方々。2014年実施『アフリカの花屋』全国キャラバン！ケニアと日本を笑顔でつなごうプロジェクトにサポートいただいた107名の方々。アフリカの花屋全国キャラバンでお世話になった全国のお花屋さん。札幌：フラワーショップ響花の皆さん。名古屋：坪井青磁さん、坪井花苑の皆さん。神戸：BLOSSOM の皆さん。広島：FRAGILE 高野崇さん、桂さん。福岡：cerise 戸畑桜子さん、THE MANGROVE の皆さん。2015 年実施「アフリカの花屋」1号店オープン記念プロジェクトにサポートいただいたケンズカフェ東京の氏家健治さん、佐地良太さん、泉可也さん、他 231 名の方々。日本橋の花屋を2年間貸してくれた山村大輔さん、山口みほさん、お手伝いをしてくれた西野美香さん。六本木の花屋を貸してくれた西山祐介さん、千葉の倉庫を貸して下さった蓑口猛さん。花贈り男子の長井ジュンくん、オーガニックハーブティ Sautedi 木村恵理子さん。神谷俊子さん、川口碧さん、荻野みどりさん、能勢社長とレーゼンヴァルトのスタッフの皆さん。お店を出そう！と提案し、店舗オープンを手伝ってくれたマザーハウスの山崎大祐さん、コピーライターの仁藤安久さん。AFRIKA ROSE のリブランディングのアートディレクター古谷萌さん（AFRIKA ROSE のロゴやパンフレットなど全てデザインしてくれました）。AFRIKA ROSE 広尾店の空間デザインを担当してくださった小宮山洋さん、フローリングの床材を提供してくださった西田正次郎さん、住友林業クレスト島田さん、丸太を分けてくださった尾崎さん、内装の柴崎洋平さん。たき工房の五十嵐さん、市川さん、徳江さん、森さん、内田さん、鈴木さん。AFRIKA ROSE の2階をつくってくれた、大西信滋さん、高見徹さん、森内泰さん、山谷あすかさん、近藤塁さん、小泉俊幸、小泉たかえさん、AFRIKA ROSE アンバサダー、西田竜右さん、コニカミノルタジャパンの髙橋周一さん、塚本浩史さん、藤本高史さん、伊藤正芳さん、渋谷雅司さん、角屋聡一さん、城倉亮さん、小長井ひでゆきさん、片貝竜也さん、丸山謙二さん、河村慎吾さん、江口敏之さん、今道潤さん、堀木慎太郎さん、小口修平さん。笠原輝さん・大澤亮さん。アフリカの花屋女子会の、牧野茉帆ちゃん、横井瞳ちゃん、中島好美さん、村木緑さん、加藤有紀さん、堀内恵理子さん、久保ともみさん、中川ともみさん、吉田晴美さん、小山萌子ちゃん、島田麻衣子さん、松本奈々ちゃん、柏倉まやさん、関むつみさん、金井智恵さん。ケニアツアーの夢を一緒に叶えてくれた、Rita Kawashima さん、南真由美さん、山形則子さん、原井麻衣さん、小川敦也さん。ネバダカリフォルニア国際教育機構ジャパンの廣田先生、近松修一さん、染谷由美子さんをはじめスタッフの皆さん。工藤怜子さん。藤井利幸さん。フォトコミュニケーション協会渕上真由さん。宝積學さん、小林修一さん、秋吉有子さん、渡辺隆介くん、坂本かおりさん。高澤澄江さん。ラシェルブライダル志賀里美さん、白石えりさん。Ruri Nail 広田英里さん、谷ちゃん。素晴らしいテレビ映像を作成してくださった清水御冬さん。J-WAVE 坂本彰範さん。NHK 西村美月さん。Forbes 谷本有香さん。他、AFRIKA ROSE を応援してくださるメディア関係者の皆さま。岩間ひかるさん。末吉里花さん。原田さとみさん。愛知商業高校ユネスコクラブの皆さん。フェアトレード・ラベル・ジャパンの松井譲治さん。エシカルペイフォワードの稲葉哲治さん。山崎繭加さん。岩佐文夫さん。浅野敬子さん。山下春幸さん。高橋教予さん。斎藤ゆっこさん。Pants to Poverty 佐藤亜矢さん。Nancy Snow、Divya Marie Kato、Masa Kato、Jonathan Gulino。細井洋介監督。Austin Works、Michael Wilkins、スモールハンズ亀田克司さん。森の案内人 三浦豊さん。本多祥子さん。成瀬久美さん。川島舟さん。岡本拓也さん。丸山みきさん。小川孔一さん。渡辺美紀さん。稲葉潤紀さん。神村将志さん。NPO 法人 ETIC. の皆さん。FLANDRE 末廣勇太さん、他スタッフの皆さん。AlfaRomeo 様。Lexus 様。google 様、IBM 様、リクルート株式会社様、インテリジェンス様、IBS 様、JAL 様、住友林業株式会社様。新井克尚さん。日本青年会議所の皆さん。石原ゆりなさん。廣岡政幸さん。UNDP 近藤哲生さん。UNDP 小松原茂樹さん。UNDP 石田ともみさん。東武宇都宮百貨店様。玉川髙島屋様。竹村健太さん。布田尚大さん。菅沼亮さん。ケンちゃん、ひとみおばちゃん。西野先輩。長島紀彦さん。花智の横田さん。メモリアルアート大野屋さん。Ethica トランスメディア大谷賢太郎さん。NPO 法人 二枚目の名刺 松井孝憲さん。高橋優樹さん。田草川ゆいさん。松尾秀樹さん。福島みきさん。小西翔子さん。高橋亮太さん。豊田章雄さん。北村早紀さん。大上茉莉さん。中別府慧理さん。前田麻菜美さん。KAO 白石和彦さん。友田雅明さん。野杁晃充さん、株式会社のいりの皆さん。野杁洋平さん。株式会社洋華堂の皆さん。伊奈山税務会計事務所の皆さん。H.I.S. 新谷直人さん。中村健太郎さん。H.I.S. ケニア支店長 Opondo さん。Mathew

SPECIAL THANKS

さん。AAIC椿進さん。川崎花卉園芸の柴崎さん、川上さん。中本たけしさん。ユー企画今井さん。TMI太田知成先生。税理士法人ほはば 前田興二先生。ビジネスコーチの坂本勝俊さん。Hide TANAKA フラワーアレンジメントスクールの生徒さんたち、鈴木京子さん、清水まりこさん、白根ともこさん、近藤みちこさん、松濤理恵さん、和田すずこさん、高澤ゆうこさん、波崎りえさん、滝島せりさん、鈴木敏子さん、原田洋子さん、神戸祐美さん、伊藤ゆきこさん、高橋真南さん、小山ひとみさん、坂井柚香、百足ゆうこさん、柿本由依さん、木南弘美さん。広尾商店街の皆さん。丸富不動産、クラタ不動産、nuts tokyo 西村さん他スタッフの皆さん、ロデオドライブ、AND THE FRIET、増田さん、聖心女子大学、和食貴山、CANVAS TOKYO 佐藤さん、江戸っ子鮨、お蕎麦屋さん。KIOさん。AFRIKA ROSEを支える（支えてくれた）スタッフの皆さん。吉田美香ちゃん、古谷都さん、海野真司さん、小林あやめちゃん、佐久川綺帆ちゃん、鈴木さとこさん、本谷イネッサさん、田村光輝ちゃん、青木璃紗ちゃん、久保田絢華ちゃん、矢嶋淳華ちゃん、田中みずきちゃん、塚原萌香ちゃん、湧嶋葉月ちゃん、星野綾佳ちゃん、李錦蘭ちゃん、永田多恵ちゃん、杉本綾弓さん、菊地泰基くん、山崎くん、宮澤理佳ちゃん、野沢くん、倉田くん、世古口さん。店長の松野彩加ちゃん。最高のビジネスパートナーでありフラワーデザイナーのHide TANAKA／田中秀行くん。人生のパートナーとなってくれた旦那さん、お腹の中の赤ちゃん。「本を出版する」という夢を実現させてくれたポプラ社の野村浩介さん。ブックデザイナーの岡本歌織さん、フォトグラファーの小林キユウさん。

その他、沢山の方々にお世話になりました。
AFRIKA ROSEに関わる全ての人に愛と感謝を込めて。

【著者】萩生田 愛 | Megumi Hagiuda

AFRIKA ROSE 創業者&代表取締役。1981年、東京生まれ。米国大学卒業後、大手製薬会社勤務を経て、2011 年アフリカ・ケニアに渡る。「援助に慣れきっている現地の姿」を目の当たりにし、援助ではなくビジネスとして 対等な立場で関わりたいという結論に至る。アフリカの自然や人々や文化の豊かさと 生命力溢れる薔薇に魅了され、2012 年「アフリカの花屋」を立ち上げる。2015年10月アフリカ薔薇専門店「AFRIKA ROSE」を東京広尾にオープン。第28回人間力大賞受賞、草月流いけばな師範、Jane Packer Flower Arrangement School 修了。

写 真　小林キュウ(カバー、p2-44、p50-83、p112-113、p133)
桜木奈央子(p46、p89-91、p103、p105、p108-111、p125-129)
※その他は著者撮影

ブックデザイン　岡本歌織(next door design)
フラワーデザイン　Hide TANAKA

アフリカローズ
幸せになる奇蹟のバラ

2017年10月5日　第1刷発行

著 者　萩生田 愛
発行者　長谷川 均
編 集　野村浩介
発行所　株式会社ポプラ社
〒160-8565　東京都新宿区大京町22-1
電 話　03-3357-2212(営業)
03-3357-2305(編集)
振 替　00140-3-149271
一般書編集局ホームページ　www.webasta.jp

印刷・製本　中央精版印刷株式会社

N.D.C. 914　143p 20cm　ISBN978-4-591-15603-2